insel taschenbuch 4884
Susanne Walter
Das knusprigste Club-Sandwich der Welt

Aromatisch, unkompliziert und kommunikativ: Fingerfood-Häppchen gehören nicht von ungefähr zu den beliebtesten Snacks überhaupt. *Das knusprigste Club-Sandwich der Welt* versammelt in 35 Rezepten eine abwechslungsreiche, raffinierte und dennoch unkomplizierte Auswahl von Appetitanregern und Sattmachern, die auf jeder *Mad Men*-Party Eindruck schinden würden. Wie der Bacon dabei knusprig bleibt und wie Gemüse heute selbst Grünzeugskeptiker überzeugen kann? Spitzenköchin Susanne Walter demonstriert es.

Susanne Walter, geboren in Baden-Württemberg, absolvierte ihre Ausbildung zur Köchin bei Jean-Claude Bourgueil im *Schiffchen* in Düsseldorf, bevor sie in Belgien internationale Gastronomie-Erfahrung sammelte. Zurück in Deutschland, kochte sie mit Eckart Witzigmann für den *Feinschmecker* und gründete ein Catering-Unternehmen. Sie ist zudem als Foodstylistin, Rezept- und Buchautorin tätig. Susanne Walter wohnt in Hamburg.

Susanne Walter

Das knusprigste Club-Sandwich der Welt

35 Fingerfood-Klassiker
und wie sie immer gelingen
Illustrationen von Maggie Jarvis

Insel Verlag

Text und Illustrationen © Peter Pauper Press
Die amerikanische Originalausgabe erschien 1967 unter dem
Titel *Festive Snacks & Canapes* bei Peter Pauper Press, Inc.
Die deutsche Fassung wurde mit freundlicher Genehmigung von Peter
Pauper Press von Susanne Walter überarbeitet und aktualisiert.

Erste Auflage 2021
insel taschenbuch 4884
© Insel Verlag Berlin 2021
Vertrieb durch den Suhrkamp Taschenbuch Verlag
Umschlag: Schimmelpenninck.Gestaltung, Berlin
Umschlagillustrationen: Maggie Jarvis
Druck: Memminger MedienCentrum AG
Bindung: Conzella Verlagsbuchbinderei GmbH & Co KG,
Aschheim-Dornach
Printed in Germany
ISBN 978-3-458-68184-7

Das knusprigste Club-Sandwich der Welt

Liebe Leserinnen und Leser!

Vielleicht sind Sie ja gerade genauso entzückt wie ich, als ich dieses kleine Kochbuch in einem amerikanischen Vintageladen entdeckte. Es erschien nämlich schon einmal; bei Peter Pauper Press, einem Verlag, der Ende der 1920er vom dem jungen New Yorker Ehepaar Peter und Edna Beilenson gegründet worden war und geführt wurde. Sie arbeiteten mit diversen Grafikkünstlern zusammen, viele von ihnen waren vor den Nazis aus Europa nach Amerika geflohen. Ihre Bücher sollten den Lesern das Leben leichter und schöner machen.

Peter brachte sein Knowhow in Buchdruck und Satz ein, Edna ihren Sinn für Gestaltung – und ihre feministischen Ideen. Eine davon war eine Serie kleiner Kochbücher. Denn zum einen beklagte Edna, dass Frauen in der Druck- und Verlagsbranche dramatisch unterrepräsentiert waren. Zum anderen war sie davon überzeugt, dass Frauen sich im Beruf verwirklichen und deshalb nicht allzu viel Zeit am Herd verbringen sollten. So versammelte sie in ihren Kochbüchern Klassiker der unkomplizierten Küche. Und ließ jeden einzelnen dieser Bände von einer Frau editieren und illustrieren.

Sie erschienen in den Fifties und Sixties, Depression und Krieg waren überstanden, die Wirtschaft boomte, und plötzlich wurde lässige Stilsicherheit ebenso wichtig wie das Essen selbst.

Statt an gesetzte Tafeln luden die Menschen einander zu lockeren kleinen Feiern mit Jazzmusik, Cocktails und Fingerfood ein. Und die Bücher der Beilensons trafen den Nerv der Zeit.

Heute wird ihr Verlag von ihren Nachfahren weitergeführt, mittlerweile ist er auf hochwertige Kinderbuchreihen sowie auf Non-Books spezialisiert. Menschen lieben und konsumieren Fingerfood mehr denn je, die Back- und Kochbuchserie gibt es nur noch antiquarisch. Doch sie ist viel zu schön, um sie nicht wiederaufleben zu lassen.

Eine dieser von mir modernisierten Neuauflagen halten Sie also nun in Ihren Händen. Ich habe den experimentierfreudigen amerikanischen Spirit von einst mit meiner europäischen Expertise und unserem modernen Anspruch an eine vielseitige, gesunde Ernährung angereichert.

Herausgekommen sind 35 interkontinentale *All Time Favourites*, die an den Chic von Tiki-Bars, Mid-Century-Cocktailgelage und Pan-Am-Lounges denken lassen. Sie sind nicht nach Themen geordnet, sondern mehr wie ein nicht enden wollender Strom der Köstlichkeiten. Sie sind geeignet für Hobby- oder Gelegenheitsköche, passen zu eleganten Dinnerpartys ebenso wie zu mitternächtlichen Imbissen, Fußballspielen oder Picknicks. Hauptsache, aromatisch und unkompliziert! Ihre Gäste werden maximal einen kleinen Löffel benötigen. Versprochen!

Ihre Susanne Walter

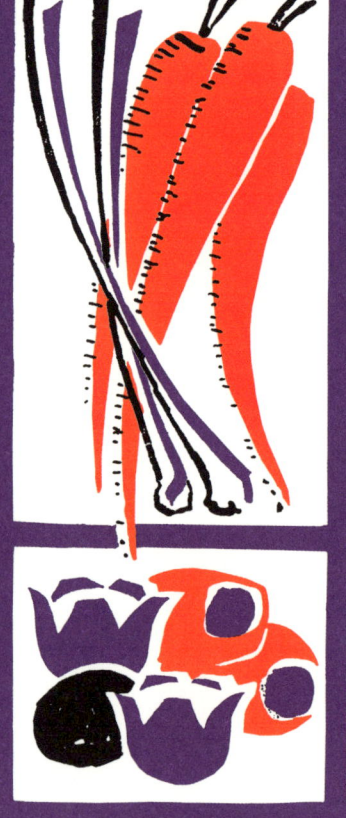

Sellerieschiffchen

Mit Blauschimmelkäse

Schon Betty Draper wusste in Mad Men *mit diesen Häppchen die Gunst der Gäste zu gewinnen, kein Wunder, denn die Kombination aus knackigem Staudensellerie, würzigem Blauschimmelkäse, knusprigen Walnüssen und fruchtig herben Preiselbeeren ist und bleibt perfekt. Alternativ können Sie auch Chicoreeblätter mit derselben Füllung belegen.*

Ergibt ca. 15 Stück, Zubereitungszeit 15 Minuten

   5 mittlere Stangen Staudensellerie
   50 g Walnüsse
   1 TL Butter
   75 g Roquefort oder Gorgonzola
   50 g Doppelrahmfrischkäse
   30 ml Sahne
   Pfeffer
   2 EL Preiselbeeren (aus dem Glas)

Die geschälten Selleriestangen schräg in ca. 6 cm lange Stücke schneiden und auf eine Platte setzen. Sollten die Schiffchen keinen guten Stand haben, die Stücke an der Unterseite flach anschneiden.

Walnüsse grob hacken und in einer Pfanne mit Butter unter häufigem Wenden goldbraun rösten.

Blauschimmelkäse grob würfeln und mit dem Frischkäse und der Sahne in einem schlanken Rührbecher mit einem Pürierstab zermusen. Die Blauschimmelcrème mit Pfeffer abschmecken und in einen Spritzbeutel füllen. Wer keinen besitzt, kann die Crème einfach in einen Gefrierbeutel füllen und eine Ecke so abschneiden, dass ein ca. 0,5 cm breites Loch entsteht.

Die Crème in die Sellerieschiffchen drücken. Jeweils einen kleinen Klacks Preiselbeeren darauf geben und die Schiffchen mit Walnüssen bestreuen. Mit Sellerieblättchen garnieren.

Hot Dog

Mit Cole Slaw

Auch wenn behauptet wird, der erste Hot Dog sei in Frankfurt am Main entstanden, besteht doch kein Zweifel daran, dass er in den USA zur Berühmtheit wurde. Der deutsche Einwanderer Charles Feltman begann 1867 damit, seine an Dackel erinnernde Wurst im Brötchen am Strand von Coney Island zu verkaufen. Am Anfang noch mit einem Handkarren ausgerüstet, lief das Geschäft so gut, dass er bald schon sein erstes Hot-Dog-Restaurant eröffnete.

Internationalen Erfolg erlangte der Hot Dog 1893 während der Weltausstellung in Chicago. Und mittlerweile findet all-

jährlich am Independence Day ein Hot-Dog-Wettessen statt,
der aktuelle Weltrekord liegt bei 75 Stück – in 10 Minuten!

Für 4 Hot Dogs, Zubereitungszeit 30 Minuten

Cole Slaw:
150 g Spitzkohl
75 g Rotkohl
75 g Karotte
1 Jalapeño-Chilischote
1 Bund Koriander, ersatzweise Basilikum
40 ml frischer Limetten- oder Zitronensaft
1 ½ EL Ahornsirup
120 g Naturjoghurt
2 EL Mayonnaise

Außerdem:
4 Hot-Dog-Brötchen
4 Frankfurter Würstchen
4 EL Senf

Für den Cole Slaw Spitzkohl mit einem Messer in möglichst feine Streifen schneiden, Rotkohl mit einem Gemüsehobel in sehr feine Streifen hobeln. Karotten schälen und grob raspeln. Jalapeño fein hacken. Koriander grob hacken.

Für das Dressing Zitronensaft mit Ahornsirup, Salz, Pfeffer, Joghurt und Mayonnaise verrühren.

Rotkohl, Spitzkohl, Karotten, Chili und Koriander mit dem Dressing mischen und ca. 30 Minuten marinieren. Vor dem Servieren noch einmal abschmecken und gegebenenfalls noch etwas Limettensaft, Salz oder Ahornsirup unterrühren.

Backofen derweil auf 150 °C erhitzen. Würstchen in heißem Wasser (ca. 90 °C) 5 Minuten erhitzen. Hot-Dog-Brötchen der Länge nach aufschneiden und im heißen Backofen aufwärmen.

Hot-Dog-Brötchen mit Cole Slaw füllen und jeweils ein Würstchen darauf setzen. Senf darauf verteilen.

Gefüllte Tomaten

Klein und fein

Diese Tomaten sind das ideale Fingerfood: kein Abbeißen und Kleckern, sondern einfach nur ein Happs – und der ist wirklich köstlich. Zugegeben: Man sollte sich beim Zubereiten auch ein bisschen geschickt anstellen. Wer kleinteilige Arbeit nicht leiden kann, der wende sich lieber einem anderen Gericht zu.

12 Stück, Zubereitungszeit 25 Minuten

12 kleine Tomaten (am besten eignen sich Tomaten von ca. 30 g)

Füllung:

25 g Toast- oder Baguettebrot

4 EL Olivenöl

2 EL Pinienkerne

40 g Schafskäse

1 EL fein gehackte, schwarze Oliven

5 Basilikumblättchen

Tomaten waschen, Rispen entfernen und einen ca. 3 mm breiten Deckel abschneiden. Eventuell für einen besseren Stand an der Unterseite ein klitzeklein wenig begradigen. Dafür ein scharfes Messer verwenden. Schneiden Sie zu viel ab, ist die Tomate unten geöffnet und lässt sich nicht mehr gut füllen.

Tomaten mit einem kleinen Kugelausstecher oder einem Mokkalöffel aushöhlen.

Für die Füllung Brot in 2 mm feine Würfelchen schneiden und mit 3 EL Olivenöl in einer Pfanne bei mittlerer Temperatur goldbraun rösten, abkühlen lassen.

Pinienkerne in einer Pfanne mit dem restlichen Olivenöl bei mittlerer Temperatur unter regelmäßigem Wenden goldbraun rösten. Anschließend abkühlen lassen und hacken.

Schafskäse in kleine Würfel schneiden. Basilikumblättchen in feine Streifen schneiden.

Alle Zutaten für die Füllung mischen, mit Pfeffer würzen und in einen Spritzbeutel mit Lochtülle (5 mm) geben. Wer keinen hat, kann die Masse in einen Gefrierbeutel geben und in eine Ecke ein ca. 5 mm breites Loch schneiden. Ausgehöhlte Tomaten füllen und jeweils mit einem Deckel belegen.

Latkes

Mit geräuchertem Lachs

Latkes ist in der jüdischen Küche die Bezeichnung für Kartoffelpuffer. Jeden Winter um die Adventszeit feiert man im Judentum das achttägige Lichterfest Chanukka, und Latkes sind dabei eine der typischen Speisen. Ob die Kartoffelpfannküchlein aber nun Latkes, Kartoffelpuffer, Reibekuchen oder Rösti genannt werden, die Zubereitung ähnelt sich meist. In vielen Rezepten werden der Kartoffelmasse Eier zugefügt. Nimmt man jedoch mehlige Kartoffeln mit einem hohen Stärkeanteil, halten sie auch ohne Ei zusammen. Und sie werden knuspriger! Besonders gut direkt aus der Pfanne.

Ergibt 12 Stück, Zubereitungszeit 30 Minuten

    750 g mehlig kochende Kartoffeln
    1 EL Salz
    100 g Butterschmalz (geklärte Butter) oder Entenschmalz
    4 Scheiben geräucherter Lachs

Kartoffeln grob raspeln, in einer Schüssel mit 1 EL Salz mischen und etwa 15 Minuten ziehen lassen. Mit den Händen fest ausdrücken. Aus den geriebenen Kartoffeln 12 kleine Häufchen formen und nochmals fest auspressen. Ein Drittel des Butterschmalzes in einer breiten Teflonpfanne bei mittlerer Temperatur erhitzen. 4 Kartoffelhäufchen kurz in der Pfanne anbraten. Mit einer Gabel die geriebenen Kartoffeln flachdrücken, weiterbraten, bis die Puffer goldbraun sind. Dann wenden und auf der anderen Seite ebenfalls goldbraun braten. Zum Entfetten auf Küchenpapier setzen und jeweils mit einem Stück Lachs belegen.

Buffalo-Chickenwings

Mit Blue-Cheese-Dip, Sellerie- und Karottensticks

Kaum zu glauben: Noch vor 50 Jahren waren Chickenwings Hühnchenteile, die eher im Müll als auf einer Speisekarte landeten. Populär wurden sie erst in den 1980er Jahren, dank der afroamerikanischen Küche und ausgehend von Buffalo im Bundesstaat New York. Ihr Aufstieg verlief auch durch das massive Bewerben diverser Fastfoodketten so rasant, insbesondere anlässlich von Sportgroßveranstaltungen. So kam es, dass Buffalowings und der Super Bowl inzwischen genauso miteinander verbunden sind wie bei uns Gans und Weihnachten.

Für 4 Personen, Zubereitungszeit 20 Minuten + 30 Minuten
Ruhezeit

> 1,2 kg Chickenwings
> 40 g Mehl
> 80 ml Hot Sauce
> 2 EL Ketchup
> 60 g Butter
> 0,75 l neutrales Pflanzenöl zum Frittieren

> *Außerdem:*
> 150 g Roquefort oder Gorgonzola
> 200 g Sourcream oder Schmand
> 2 EL Mayonnaise
> 3 Spritzer Zitronensaft
> Salz, Pfeffer
> 2 große Karotten
> 2 Stangen Staudensellerie

Chickenwings kalt abbrausen und trocken tupfen. Die Geflügelstücke und das Mehl in eine saubere Tüte geben, Beutel schließen, gut schütteln und für 30 Minuten kaltstellen.

Hot Sauce mit Ketchup in einem Topf erwärmen. Butter in Würfel schneiden und unter ständigem Rühren in der Hot Sauce auflösen.

Für den Blue-Cheese-Dip Roquefort mit Sourcream und Mayonnaise mit einem Stabmixer pürieren. Den Dip mit Zitronensaft und Salz und Pfeffer abschmecken.

Karotten schälen, Staudensellerie waschen und beides in Stifte schneiden.

Kurz vor dem Servieren das Frittieröl auf 170 °C erhitzen. Die Geflügelteile portionsweise 10 Minuten im heißen Fett unter gelegentlichem Wenden goldbraun frittieren. Zum Entfetten auf Küchenpapier setzen und in einer Schüssel mit der Hot Sauce mischen.

Dazu den Blue-Cheese-Dip und die Gemüsesticks reichen.

Auberginenröllchen

Mit Schafskäse und Harissa

Ich kann verstehen, wenn jemand mit der violetten Frucht, die zu den Nachtschattengewächsen zählt, auf Kriegsfuß steht. Widerspenstig kann sie sein, und manchmal ist sie selbst nach langem Braten, Schmoren oder Kochen so pappig und zäh, dass man die Stückchen einzeln aus seinem Ratatouille rauspicken möchte. Die Pappigkeit ist aber nur so ausgeprägt, wenn Auberginen unreif und fest sind. Achten Sie beim Einkauf also darauf, reife, etwas weichere, luftigere Exemplare zu bekommen. Wunderbar dazu passt übrigens eine fruchtige Tomatensauce.

Ergibt ca. 16 Röllchen, Zubereitungszeit 40 Minuten

2 Auberginen, jeweils ca. 250 g
Salz, Pfeffer
ca. 10 EL Olivenöl
50 g Toastbrot
150 g Feta
2 Handvoll Basilikum- oder Minzblättchen
2 EL schwarze Oliven (in Öl, ohne Kerne)
1 Knoblauchzehe
100 g Ricotta
1 EL Harissa

Auberginen in ca. 3 mm dünne Scheiben hobeln, auf Küchenpapier ausbreiten, mit etwas Salz würzen und ziehen lassen.

Für die Füllung Toastbrot in ca. 1 cm breite Würfel schneiden, würfeln und in einer Pfanne mit 4 EL Olivenöl rundum goldbraun braten. Fetakäse in einer Schüssel grob zerbröseln. Basilikumblättchen und Oliven grob hacken. Knoblauchzehe fein hacken. Alle Zutaten für die Füllung mischen und mit Salz und Pfeffer abschmecken.

Auberginenscheiben mit einem Küchenpapier trocken tupfen, mit 6 EL Olivenöl bepinseln und bei sehr hoher Temperatur auf beiden Seiten scharf anbraten, bis die Scheiben Farbe annehmen und zart und weich sind.

Die Füllung auf dem unteren Drittel der Auberginenscheiben verteilen. Auberginen aufrollen und mit der Naht nach unten auf ein Backblech setzen. Kurz vor dem Servieren den Backofen auf 180 °C Ober-/Unterhitze vorheizen und die Röllchen 10 Minuten im heißen Ofen erwärmen.

Lettuce Wrap

Mit Geflügelsalat und Ananas

Der Wrap in seiner heutigen Form kommt wahrscheinlich aus Kalifornien und wurde in den 1990ern weltweit populär. Hier wird der Geflügelsalat in ein Kopfsalatblatt gehüllt, womit er eine knackige Hülle erhält und bequem als Fingerfood gegessen werden kann.

Sie können ihn aber auch zwischen 2 Scheiben Tramezzinibrot servieren – nicht mehr Low Carb, aber klassisch.

Für 12 Stück, Zubereitungszeit 25 Minuten + 40 Minuten Kochzeit + 30 Minuten Abkühlzeit

600 g Hühnerkeulen (ca. 2 Stück)
1 Bund Suppengrün
Salz
1 Stange Staudensellerie
150 g frisches Ananasfruchtfleisch
1 Bund Koriander oder Basilikum
80 g Naturjoghurt
50 g Mayonnaise
1 TL Currypulver
1-2 EL frisch gepresster Zitronensaft
Pfeffer
1 Prise Zucker
12 Kopfsalatblätter

Hühnerkeulen in einem Topf mit Wasser bedecken. Zerkleinertes Suppengrün und 1 EL Salz zufügen, zum Kochen bringen und 40 Minuten simmernd garen, bis das Fleisch zart ist und sich leicht von den Knochen lösen lässt. Abkühlen lassen, Haut entfernen, das Fleisch von den Knochen zupfen und in kleine Würfel schneiden.

Die Hühnerbrühe für andere Verwendung kaltstellen oder tieffrieren.

Den Staudensellerie mit einem Sparschäler schälen und in möglichst dünne Scheiben schneiden. Ananasfruchtfleisch fein würfeln. Koriander mit den Stielen grob hacken.

Joghurt und Mayonnaise mit Currypulver, Zitronensaft, Salz und Pfeffer verrühren.

Alle Zutaten für den Geflügelsalat mischen und mit Salz, Pfeffer, Zitronensaft und eventuell einer Prise Zucker abschmecken.

Zum Servieren die Salatblättchen wie Schiffchen nebeneinander auf eine Platte setzen und mit dem Geflügelsalat füllen.

Meatballs

Mit Cajun-Dip

Meatballs im Angelsächsischen, Polpette in Italien, Tsukune in Japan oder Köttbullar in Schweden – kleine Fleischbällchen sind echte Global Player, die mit dem Einsatz unterschiedlicher Gewürze problemlos von einer Nationalität in die nächste schlüpfen können. Geschmackliche Varianz bringen außer den Gewürzen auch unterschiedliche Fleischsorten. Meatballs gehen immer, ob zur Halloweenparty oder zur Heißhungerattacke nach dem Theater. Sie sind handlich, schmecken kalt oder warm. Und wer sich mit dieser Variante mit Dip nicht die Finger schmutzig machen möchte, pikt sie auf Zahnstocher auf.

Ergibt ca. 35 Stück / 6-8 Portionen, Zubereitungszeit 40 Minuten

Meatballs:
50 g altbackenes Brot ohne Kruste, in Scheiben geschnitten
1 Zwiebel
2 Knoblauchzehen
3 EL Olivenöl
½ TL schwarze Pfefferkörner
1 TL Kreuzkümmel
1 TL Koriandersamen
1 TL gerebelter Thymian
1 TL gerebelter Oregano
1 TL Paprikapulver, edelsüß
¼ TL Chiliflocken
500 g gemischtes Hackfleisch
1 Ei
ca. 1 gestr. TL Salz

Dip:

400 g Tomatensauce (S. 88)

3 EL Zucker

5 EL Balsamicoessig

Chiliflocken oder Tabasco nach Geschmack

Meatballs:

Das altbackene Brot in einer Schüssel mit kochend heißem Wasser übergießen und 5 bis 10 Minuten ziehen lassen. Dann auf einem Sieb abtropfen lassen.

Zwiebel und Knoblauch in feine Würfel schneiden, mit 2 EL Olivenöl anschwitzen und in eine Schüssel geben. Pfeffer, Kreuzkümmel und Koriandersamen in einem Mörser oder einer Gewürzmühle zerkleinern und mit Thymian, Oregano, Paprikapulver, Chiliflocken vermischen und etwas Salz zufügen. Eingeweichtes Brot mit den Händen gut ausdrücken und mit dem Hackfleisch und dem Ei in die Schüssel geben, alle Zutaten gut verkneten.

Aus der Hackfleischmasse kleine Bällchen (jeweils ca. 30 g) formen und diese bei mittlerer Temperatur rundum im restlichen Olivenöl braten (5-7 Minuten).

Dip:

Tomatensauce mit Zucker, Balsamico und nach Geschmack mit Chiliflocken oder Tabasco auf 250 ml einkochen. Dabei häufig umrühren, damit die Sauce nicht ansetzt. Der Dip soll eine pikante Schärfe haben und ähnlich wie Ketchup süß- und säuerlich sein.

Dip abschmecken und warm oder kalt zu den Meatballs servieren.

Guacamole

Mit überbackenen Nachos

Diese sehr einfache Kreation hat Suchtfaktor, was an der unwiderstehlichen Kombination von knusprig und fettig liegt; gepaart mit dem unschlagbaren Vorteil, dass der Snack in Windeseile zubereitet ist. Besonders köstlich wird es, wenn die Nachos wie hier noch zusätzlich mit Käse überbacken werden. Erfunden wurden die Maischips übrigens im Jahr 1943 von dem mexikanischen Restaurantbesitzer Ignacio Anaya García. Und weil die mexikanische Koseform des Vornamens Ignacio »Nacho« ist, lebt auch sein Name weiter.

4 Portionen, Zubereitungszeit 15 Minuten

Guacamole:
4 reife Avocados
2 ½ EL Limettensaft
Salz, Pfeffer
¼ - ½ TL Cayennepfeffer
3 EL feine Würfelchen einer roten Zwiebel

Außerdem:
300 g Tortillachips, gesalzen
250 g geriebener Cheddar, ersatzweise mittelalter Gouda
2 EL gehackter Koriander

Avocadofleisch in einer Schüssel mit 2 EL Limettensaft mithilfe einer Gabel zerdrücken. Mit Salz, Pfeffer, Cayennepfeffer und Zwiebelwürfelchen würzen und eventuell mit etwas Limettensaft abschmecken. Guacamole bis zum Servieren zugedeckt kaltstellen.

Derweil Backofen auf 220 °C Ober- / Unterhitze vorheizen. Tortillachips auf einem Blech ausbreiten, mit Cheddar bestreuen und für ca. 7 Minuten backen, bis der Käse geschmolzen ist. Nachos nach Belieben mit Koriander bestreuen und mit Guacamole servieren.

Potato Wedges

Scharf gewürzt

Ob Groß oder Klein, alle lieben Kartoffelwedges, die etwas gesündere Variante der Pommes Frites. Sie können den Kartoffeln – wie in diesem Rezept – eine scharfe Würzmischung verpassen. Oder aber Sie lassen sie ganz pur und würzen nur mit etwas Salz. Die Wedges können als kleiner Snack oder als Beila-

ge bei einer Grillparty serviert werden, aber vergessen Sie nicht, ausreichend Dips und Saucen dazuzustellen, zum Beispiel Sourcream, Guacamole (S. 26) oder eine Tomatensalsa (S. 66).

Für vier Personen, Zubereitungszeit 10 Minuten + 25 Minuten Backzeit

1,5 kg vorwiegend fest kochende Kartoffeln
Saft einer halben Zitrone
4 EL Olivenöl
1 TL Salz

für die Gewürzmischung:
½ TL Cayennepfeffer
½ TL Paprikapulver
½ TL getrockneter Oregano
½ TL getrockneter Thymian
1 TL Salz

Backofen auf 200 °C Umluft vorheizen. Kartoffeln gründlich waschen, evtl. die Schale mit einer Bürste oder einem Schwamm schrubben. Die Kartoffeln längs in Achtel schneiden und in einer Schüssel mit Zitronensaft, Olivenöl und Salz mischen.

Kartoffelspalten auf einem mit Backpapier ausgelegten Backblech verteilen und das Blech für ca. 25 Minuten in den heißen Ofen schieben. Währenddessen die Kartoffeln mit einem Spatel wenden, sobald sie an der Oberfläche Farbe angenommen haben.

Nach ca. 15 Minuten Backzeit die Gewürze mischen und über die Kartoffeln geben. Kartoffeln wenden, so dass die Gewürzmischung möglichst überall an den Kartoffeln haftet.

Das Blech für weitere 5 bis 10 Minuten in den Ofen schieben, bis die Wedges knusprig und goldbraun sind.

Lobster Rolls ...

... wie man sie in Maine serviert!

Hierzulande ist Hummer immer noch ein Lebensmittel, vor dem viele in Ehrfurcht zurückschrecken, während er anderswo ganz ohne elitäres Brimborium serviert wird. Zum Beispiel in dem amerikanischen Bundesstaat Maine, wo der Hummer aus kleinen Booten heraus von Hand gefangen wird. In Strandbuden bekommt man ihn dort ganz schlicht mit etwas Butter oder als Lobster Roll mit Cocktailsauce im Brötchen.

Ein guter Fischhändler liefert Ihnen gekochtes und sauber ausgelöstes Hummerfleisch. Einen gekochten Hummer selber zu zerlegen, ist aber auch keine allzu große Herausforderung. Man trennt die Scheren vom restlichen Körper. Anschließend wird der Kopf durch eine Drehbewegung entfernt. Nun muss man irgendwie das knackige Scheren- und Schwanzfleisch aus dem Panzer lösen – Werkzeuge aller Art sind dafür willkommen. Am besten eignen sich schwere Küchenmesser mit einer Klinge von mindestens 20 cm und verstärktem Kopf, mit denen man die Schale gefühlvoll »anknackt«. Anschließend pellt man das Fleisch aus der Schale und entfernt auch kleinste Schalensplitter sorgfältig.

Für 2 Portionen, Zubereitungszeit 20 Minuten

Cocktailsauce:
3 EL Mayonnaise
1 EL Ketchup
2 Spritzer Worcestershire-Sauce
2 Spritzer Zitronensaft

ausgelöstes Fleisch eines ca. 500 g schweren Hummers
   (Nettogewicht ca. 170 g)
1 dünne Stange Staudensellerie
4 Blatt Eisbergsalat, in feine Streifen geschnitten
2 Hot-Dog-Brötchen
2 EL weiche Butter
2 Zitronenspalten

Mayonnaise, Ketchup, Worcestershire-Sauce und Zitronensaft zu einem Dressing verrühren und mit Salz und Pfeffer würzen.

Hummerfleisch gegebenenfalls aus der Schale lösen, in mundgerechte Stücke schneiden. Stangensellerie in feine Würfelchen schneiden. Hummer, Staudensellerie und Dressing mischen. Den Hummercocktail mit Salz und Pfeffer abschmecken.

Eisbergsalat waschen, trocken schleudern und in feine Streifen schneiden.

Kurz vor dem Servieren den Backofen auf 220 °C Umluft vorheizen. Die Brötchen der Länge nach so aufschneiden, dass sie an einer Seite noch zusammenhalten. Brötchen im heißen Ofen knusprig aufbacken, auf der Innenseite mit Butter bestreichen und mit Salatstreifen belegen. Hummercocktail auf dem Salat verteilen. Jeweils eine Zitronenspalte dazu reichen.

Club-Sandwich

Der heißgeliebte Klassiker

Ein Evergreen, auf dessen Spuren man sich leicht im Dickicht unaufgeklärter Urheberschaften verirren kann. Als gesichert gilt, dass der inzwischen bis zu fünf Stockwerke hohe Turmbau zu Beginn des 20. Jahrhunderts in den USA auftauchte. Seither verbreitet sich die Popularität des Club-Sandwichs unaufhaltsam, und ganz egal wo man sich gerade befindet: Sofern es sich um ein zivilisiertes Fleckchen Erde handelt, wird man eine Hotelbar finden, wo sich die Bedürfnisse nach wohliger Sättigung und vertrauter Geborgenheit stillen lassen. Es ist ein bisschen trashig, aber erhöht das Wohlbefinden: eine Handvoll Kartoffelchips zum Club-Sandwich servieren.

1 Portion, Zubereitungszeit 30 Minuten

150 g Hühnerbrust ohne Haut
Salz, Pfeffer
2 EL Butter
1 TL neutrales Pflanzenöl
2 Scheiben Frühstücksspeck
1 Ei
3 Scheiben Sandwichtoast
3 EL Mayonnaise
2 Kopfsalatblätter
4 Tomatenscheiben

Backofen zum Warmhalten auf 120 °C Ober-/Unterhitze vorheizen. Hühnerbrust mit Salz und Pfeffer würzen. Mit 1 EL Butter bei mittlerer Temperatur von beiden Seiten insgesamt 7 bis 10 Minuten braten, bis das Fleisch durch, aber noch saftig ist.

Parallel dazu die Speckscheiben mit etwas Pflanzenöl bei mittlerer Temperatur kross braten.

Restliche Butter in die Speckpfanne geben und das Ei knusprig braten. Mit Salz und Pfeffer würzen, wenden und für einen kurzen Moment, ca. 15 Sekunden, auf der zweiten Seite braten. Hühnerbrust, Speck und Ei im Ofen warmhalten.

Toastbrote toasten und nebeneinander ausbreiten. Hühnerbrust in dünne, längliche Scheiben schneiden. Zum Belegen eine Scheibe Toastbrot mit 1 EL Mayonnaise bestreichen, darauf ein Salatblatt, das Spiegelei und die Speckscheiben legen. Die zweite Scheibe Toastbrot mit 1 EL Mayonnaise bestreichen und mit einem Blatt Kopfsalat, der in Scheiben geschnittenen Hühnerbrust und den Tomatenscheiben belegen. Die zweite Toastbrotscheibe auf die erste setzen.

Die dritte Scheibe Toastbrot mit der restlichen Mayonnaise bestreichen und mit der bestrichenen Seite nach unten auf die beiden anderen Scheiben setzen. Sandwich leicht andrücken und, falls vorhanden, mit 2 Cocktailspießchen oder Zahnstochern feststecken.

Mit einem großen, scharfen Messer das Sandwich diagonal teilen, so dass jede Hälfte von einem Spieß zusammengehalten wird.

Po' Boy

Baguette mit frittierten Garnelen

Po' Boys oder »Poor Boy Sandwiches« entstanden 1929 während des Streiks der amerikanischen Straßenbahn-Gewerkschaft. Bennie und Clovis Martin, die Eigentümer des Martin Brothers' French Market and Coffee Stand aus New Orleans, waren selbst ehemalige Straßenbahnfahrer und versorgten die Streikenden solidarisch mit kostenlosen, üppig belegten Sandwiches. Po' Boys, die mit frittierten Garnelen und Austern belegt werden, werden übrigens auch »Peacemakers« genannt.

Für 1 Po' Boy, Zubereitungszeit 20 Minuten

½ TL Salz
½ TL Paprikapulver
½ TL Knoblauchpulver
4 Prisen Cayennepfeffer
200 g Garnelen mittlerer Größe, ohne Kopf und Schale,
    entdarmt
80 ml Buttermilch
15 g Mehl
15 g Maismehl
400 ml hoch erhitzbares Pflanzenöl zum Frittieren

Außerdem:
1 etwa 20 cm langes Baguettebrot, aufgebacken
2 Salatblätter, in feine Streifen geschnitten
1 Tomate, in Scheiben geschnitten
3 EL Remoulade

Salz, Paprika- und Knoblauchpulver und Cayennepfeffer
mischen. Garnelen kalt abbrausen, trocken tupfen und in
einer Schüssel mit der Hälfte der Gewürzmischung würzen,
anschließend Buttermilch hinzufügen.

Die restliche Gewürzmischung mit Mehl und Maismehl
mischen und in eine Schüssel geben. Garnelen aus der But-
termilchmarinade heben und in der Mehlmischung wälzen.

Pflanzenöl in einem hohen Topf auf 170 bis 180 °C erhitzen. Die Garnelen portionsweise etwa 3 Minuten frittieren,
bis sie knusprig sind. Auf Küchenpapier entfetten.

....

Baguettebrot der Länge nach so aufschneiden, dass die beiden Hälften zusammenhalten. Die untere Hälfte mit Remoulade bestreichen. Salatstreifen und Tomatenscheiben darauf verteilen, dann die Garnelen. Brötchen zusammenklappen und mit Tabasco servieren.

Quesadillas

Mit Jalapeños

Bei Quesadillas handelt es sich genau betrachtet um einen Grilled Cheese Sandwich im Tex-Mex-Style. Was wiederum einen Kochstil bezeichnet, der in Amerika entwickelt wurde und die amerikanische mit der mexikanischen Küche vereint. In diesem Rezept werden die Quesadillas zusätzlich mit Gemüse bestückt, aber auch andere Zutaten wie gebratene Pilze, Chorizo oder geschmortes Fleisch machen sich gut. Wenn Sie mögen, machen Sie es wie die Mexikaner und servieren Guacamole (S. 26) und fein gewürfelte Zwiebeln dazu.

Für 4 Personen, Zubereitungszeit 35 Minuten

2 rote Paprikaschoten
200 g Zucchini
3 EL Olivenöl
2 Knoblauchzehen, gehackt

100 g Mais aus der Dose, abgetropft
4 EL eingelegte Jalapeño-Ringe (aus dem Glas), abgetropft, ersatzweise frische Jalapeño, gehackt
Salz, Pfeffer
4 EL Pflanzenöl
4 große Mais-Tortillas
200 g geriebener Cheddar

Paprika in etwa 1 cm breite Würfel schneiden. Zucchini der Länge nach vierteln und in 1 cm breite Stücke schneiden. Olivenöl in einer Pfanne erhitzen, darin Paprika anbraten, nach 2 Minuten Zucchini und gehackten Knoblauch zufügen. Bei hoher Temperatur weiterbraten, bis das Gemüse Farbe angenommen hat. Mais und Jalapeño zufügen und kurz mitbraten. Das Gemüse in eine Schüssel geben und mit Salz und Pfeffer würzen.

Tortillas nacheinander in einer Pfanne mit etwas Pflanzenöl braten oder alternativ auf einem vorgeheizten Grill bei mittlerer Temperatur grillen. Jede Tortilla mit einem Viertel des geriebenen Käses bestreuen. Sobald der Käse schmilzt, ein Viertel der Gemüsemischung darauf verteilen. Tortillas zusammenklappen und auf beiden Seiten goldbraun und knusprig braten beziehungsweise grillen. Zum Servieren halbieren oder dritteln.

Frittierte Sardellen auf Röstbrot

Mit Tomaten-Oliven-Tapenade

Ein Rezept, das an den letzten Sommerurlaub am Meer erinnert. Sie können die Röstbrote auch mit anderen frittierten, gebratenen oder gegrillten Fischen belegen, aber die kleinen Sardellen bieten sich besonders an: Man muss sie weder schuppen noch entgräten. Nur ganz frisch müssen sie sein! Woran Sie dies erkennen? Frische Sardellen haben einen wunderschönen, silberblauen Glanz, klare Augen, sind gerade durchgestreckt und fest. Ihr Geruch ist angenehm würzig, jedoch nicht fischig.

Für 12 Portionen, Zubereitungsdauer 20 Minuten

Für die Tapenade:
3 EL schwarze Oliven, in Öl, ohne Kerne
1 EL getrocknete Tomaten, in Öl
3 Strauchtomaten
½ rote Zwiebel
1 Knoblauchzehe
1 Handvoll Basilikumblättchen, gehackt
Abrieb einer Bio-Zitrone
Salz, Pfeffer

12 Scheiben Baguettebrot
reichlich Olivenöl

12 topfrische Sardellen, ausgenommen
3 EL Mehl
Zitronenspalten

Für die Tapenade Oliven, getrocknete Tomaten, rote Zwiebel und Knoblauchzehe sehr fein hacken. Strauchtomaten fein würfeln. Alle Zutaten für die Tapenade mischen und kräftig mit Salz und Pfeffer abschmecken.

Sardellenköpfe entfernen, dann die Fische innen und außen kalt abbrausen und trocken tupfen.

Kurz vor dem Servieren Baguettescheiben mit ca. 6 EL Olivenöl beträufeln und in einer Pfanne oder unter dem Grill des Backofens von beiden Seiten goldbraun rösten.

In eine passende Pfanne reichlich Olivenöl geben, es soll den Boden ca. 1 cm hoch bedecken. Sardellen mit Salz und Pfeffer würzen und in Mehl wenden, überschüssiges Mehl abklopfen. Sardellen im heißen Öl von beiden Seiten goldbraun frittieren, dann aus der Pfanne heben und auf Küchenpapier entfetten.

Die gerösteten Brotscheiben mit Tomaten-Oliven-Tapenade bestreichen und mit jeweils einer Sardelle belegen. Dazu Zitronenspalten reichen.

Pastrami-Sandwich

....

Achtung: Sattmacher!

Nicht selten sieht man New Yorker in der Lunchpause mit Pastrami-Sandwiches im Park sitzen oder über die Straße flanieren. Kein Wunder, sie sind der Inbegriff der jüdischen Deli-Küche. So ein Pastramisandwich kann, dick belegt mit Bergen von gepökelter Ochsenbrust oder Corned Beef, bis zu 2 Pfund auf die Waage bringen. Deshalb ist es wichtig, dass Sie bei Einkauf und Zubereitung dieser Leckerbissen die Anzahl Ihrer Gäste sowie der anderen Speisen im Auge behalten: Die Sandwiches machen ungeheuer satt!

Für 1 Sandwich, Zubereitungszeit 15 Minuten

  1 ½ EL Mayonnaise
  ½ TL Senf
  ½ TL Ketchup
  ½ TL geriebener Meerrettich
  Salz, Pfeffer
  50 g Sauerkraut, gut ausgepresst
  1 Salz- oder Essiggurke
  2 Scheiben dunkles Roggenbrot
  200 g dünn geschnittenes Pastrami (gepökelte
      Ochsenbrust)
  2 Scheiben Emmentaler
  2 TL weiche Butter

Die Grillfunktion des Backofens auf 250 °C vorheizen. Aus Mayonnaise, Senf, Ketchup und Meerrettich ein Dressing rühren und mit Salz und Pfeffer abschmecken. Das Sauerkraut mit dem Dressing mischen.

Gurke der Länge nach in 5 mm dünne Scheiben schneiden.

Eine Roggenbrotscheibe mit einer Scheibe Käse belegen. Darauf Pastrami oder Corned Beef, Sauerkraut, Gurkenscheiben und die zweite Käsescheibe verteilen. Mit der zweiten Brotscheibe zuklappen. Die obere Brotscheibe mit der Hälfte der weichen Butter bestreichen. Das Sandwich mit der gebutterten Seite nach oben auf zweiter Schiene von oben unter dem vorgeheizten Grill rösten, bis das Brot eine schöne Braunfärbung erhält. Brot vorsichtig wenden und die zweite Seite mit der restlichen Butter bestreichen. Das Sandwich grillen, bis die zweite Seite ebenfalls braun, knusprig und durchgewärmt ist.

Shrimp-Cocktail

Im Chicoreeblatt

Cocktails sind, als Gericht, eine amerikanische Erfindung und gehörten in den Fifties und Sixties plötzlich auf jede schicke Party. Ein Hauch von Luxus umweht diesen Shrimp-Cocktail, den Sie auf einem Chicoreeblatt als Fingerfood reichen. Möchten Sie ihn zu einer anderen Gelegenheit lieber klassisch in einem Martini- oder Weißweinglas servieren, schneiden Sie eine Chicoreestaude in feine Streifen und mischen Sie sie unter den Cocktail.

Für 20 Stück, Zubereitungszeit 20 Minuten

1 große Bio-Orange
1 TL grüne Pfefferkörner
180 g Mayonnaise
3 EL Ketchup
1 TL Tafelmeerrettich
2 EL Cognac
500 g kleine, gekochte Garnelenschwänze, ohne
    Schalen und entdarmt
Salz, Pfeffer
20 Chicoreeblätter

Bio-Orange heiß abwaschen und die Schale fein abreiben. Pfefferkörner fein hacken und mit Orangenabrieb, Mayonnaise, Ketchup, Meerrettich und Cognac zu einer Cocktailsauce verrühren.

Orange mit einem Messer so schälen, dass die dünne weiße Haut mitentfernt wird. Die Filets aus den Zwischenhäuten herauslösen und in kleine Stücke schneiden.

Garnelen in mundgerechte Stücke schneiden, mit den Orangenstücken und der Cocktailsauce mischen und mit Salz und Pfeffer abschmecken. Zum Servieren Chicoreeblätter wie Schiffchen nebeneinander auf eine Platte setzen. Den Shrimp-Cocktail in die Blätter verteilen.

Springrolls

Mit süß-scharfer Chilisauce

*Auch hier: Knusper und Fett, die Garanten für höchste Beliebt-
heitswerte, schlagen wieder zu. Sie können die Frühlingsröll-
chen mit so ziemlich allem füllen, was Ihnen schmeckt: Tofu,
Brokkoli, Hähnchenbrust, Hackfleisch etc. Doch achten Sie darauf, dass die Füllung relativ trocken ist. Sonst kann es passieren, dass Flüssigkeit beim Ausbacken austritt und das Fett
spritzt. Eine Küchenschürze ist in jedem Fall empfehlenswert.*

Für 4 Personen / 18 Röllchen, Zubereitungszeit 35 Minuten

Chilisauce:
40 g milde Peperoni
50 g Ingwer
100 g Zucker
150 ml Zitronensaft, ersatzweise Weißweinessig
½-1 EL Speisestärke

Frühlingsrollen:
300 g Spitzkohl
250 g Karotte
150 g Lauch
30 g Ingwer
Salz
1 EL Fischsauce

2 EL frisch gepresster Limettensaft
1 Prise Zucker
Salz, Pfeffer
18 Blatt Frühlingsrollenteig (215 mm)
2 Eiweiße
neutrales Pflanzenöl zum Ausbacken

Für die Chilisauce Peperoni in Ringe schneiden. Mit klein-
geschnittenem Ingwer, Zucker, Zitronensaft und 150 ml Wasser in einem Topf zum Kochen bringen, etwa 10 Minuten
köcheln lassen. Mit einem Pürierstab mixen und erneut
zum Kochen bringen. Stärke mit 4 EL kaltem Wasser anrüh-
ren und in die kochende Sauce rühren. Sauce weitere 2 Minuten leicht köcheln lassen.

Für die Frühlingsrollen Spitzkohl in feine Streifen schneiden. Karotte und Lauch in ca. 5 cm lange, dünne Streifen
schneiden. Mit dem kleingeschnittenen Ingwer ca. 3 Minuten in einer Pfanne mit Pflanzenöl anschwitzen. Mit Fischsauce, Limettensaft, einer Prise Zucker, Salz und Pfeffer würzen.

Frühlingsrollenteig erst direkt vor dem Belegen aus der
Packung nehmen. Ein Teigblatt mit einer Ecke nach oben auf
die Arbeitsfläche legen. Eiweiß verquirlen und die Teigrän-
der damit leicht einpinseln.

Etwa 3 EL der Füllung auf das untere Drittel der Frühlings-
rollenteigblätter setzen, dabei links und rechts einen Rand
von ca. 4 cm frei lassen. Die linke und rechte Teigecke über
der Füllung zusammenklappen, dann die untere Teigspitze

über die Füllung schlagen. Das Röllchen nicht zu stramm aufrollen. Mit den restlichen Teigblättern und der restlichen Füllung genauso verfahren. Springrolls abdecken und kühlstellen.

Zum Servieren ein Drittel der Röllchen in einer Pfanne mit reichlich Pflanzenöl rundum goldbraun anbraten. Auf Küchenpapier entfetten und die restlichen Röllchen in zwei weiteren Portionen knusprig braten.

Summerrolls

Mit Rotkohl, Mango und Dip

Sommerrollen sind die unfrittierte Variante der Frühlingsrollen und liegen wegen ihrer Bekömmlichkeit voll im Trend. Auch die Hülle aus Reispapier unterscheidet sich vom Teig der Frühlingsrollen.

Wer zum ersten Mal Summerrolls zubereitet, kann ins Straucheln geraten, denn das angefeuchtete Reispapier verhält sich zu Beginn recht unkooperativ: klebt, reißt und macht, was es will. Aber mit ein bisschen Übung und Feingefühl klappt es von Röllchen zu Röllchen besser – Sie werden sehen!

Ergibt 16 Sommerrollen, Zubereitungszeit 1 Stunde

Sommerrollen:

200 g Rotkohl

½ kleiner Eisbergsalat

4 Frühlingszwiebeln

2 Avocados

1 EL Limettensaft

1 reife Mango

16 Blatt Reispapier (Ø 20 cm)

Jeweils 1 Handvoll Minz-, Koriander- und Thai-
Basilikum-Blättchen

Nuoc-Mam-Pha-Dip:

1 Knoblauchzehe

1 rote Chilischote

40 ml Fischsauce

20 ml Limettensaft

30 ml Reisessig

2-3 EL brauner Zucker

2 EL gerösteter Sesam

Rotkohl mit einer Gemüsereibe fein hobeln. Salat und Früh-
lingszwiebeln in ca. 8 cm lange, dünne Streifen schneiden.
Avocados vierteln, Kern entfernen und Schale abziehen. Das
Fruchtfleisch in ca. 1 cm breite Streifen schneiden und mit
Limettensaft beträufeln. Mango schälen und in dünne Strei-
fen schneiden.

Ein Reispapier für 5 bis 10 Sekunden in einer breiten
Schale mit kaltem Wasser einweichen und auf einem Küchentuch glatt ausbreiten. Jeweils 1 EL Rotkohl und Salat

mittig auf das untere Drittel des Reispapiers setzen, darauf ein paar Kräuterblättchen, Avocado-, Frühlingszwiebel- und Mangostreifen verteilen. Das Reispapier an den Seiten über der Füllung einschlagen und so aufrollen, dass längliche, nicht zu stramme Röllchen entstehen. Diese auf einem leicht angefeuchteten Tuch und unter einem weiteren leicht angefeuchteten Tuch bis zum Servieren ruhen lassen. Die Röllchen sollen sich nicht berühren, sie könnten aneinanderkleben.

Für den Dip Chilischote ohne Kerne und Knoblauchzehe in feine Würfelchen schneiden. Mit allen anderen Zutaten und 100 ml Wasser verrühren.

Ganze Artischocken

Mit Ahornsirup-Nussbutter-Vinaigrette

Ein simples Gericht für einen entspannten Abend auf dem Balkon oder im Garten. Wer einen Bärenhunger hat, muss sich in Geduld üben, denn die Nahrungsaufnahme erfolgt in kleinen Bissen.

Bei der Vinaigrette ist es wichtig, dass sie durch das Mixen eine stabile Emulsion erhält. Dies gelingt, wenn genügend Flüssigkeit – in diesem Fall Balsamico und Ahornsirup – zur Verfügung steht, in die die Butter eingearbeitet wird.

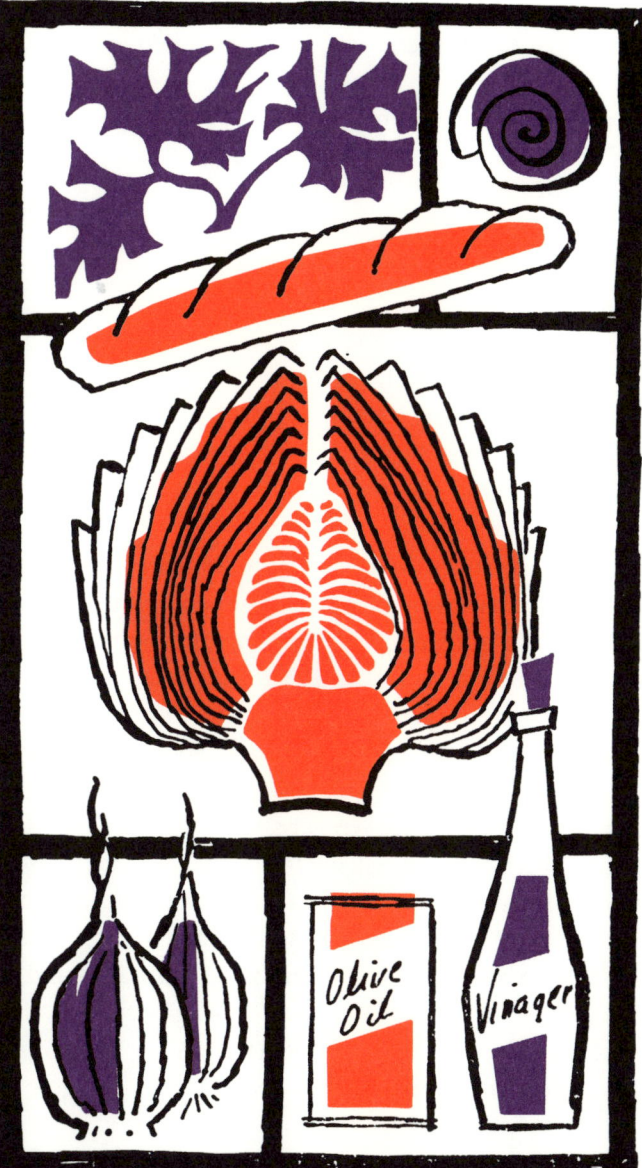

Für 4 Personen, Zubereitungszeit 15 Minuten + Kochzeit

4 große Artischocken
Saft einer halben Zitrone
1 EL Meersalz

Vinaigrette:
150 g Butter
1 Knoblauchzehe
60 ml Balsamicoessig
60 ml Ahornsirup
½ TL Senf
Salz, Pfeffer

Artischockenstiel direkt unterhalb des Bodens entfernen und in einem großen Topf mit Wasser bedecken. Zitronensaft und Salz zufügen. Artischocken mit ein oder zwei Tellern beschweren, so dass sie vollständig unter Wasser sind. Zum Kochen bringen und leise köchelnd garen. Sie sind fertig, wenn sich die Blätter leicht vom Boden abzupfen lassen (ca. 45 Minuten).

Sobald die Artischocken gar sind, Butter in einem kleinen Topf erhitzen, bis sich die Molke am Topfboden absetzt und hellbraun färbt. Die Butter entwickelt dabei ein nussiges Aroma. Nussbutter vom Herd ziehen, darauf achten, dass sie im heißen Topf nicht zu stark nachbräunt und bitter wird, eventuell in ein anderes Gefäß gießen.

Knoblauch schälen und in einen Rührbecher pressen. Balsamico, Ahornsirup, Senf, Salz und Pfeffer zufügen. Unter ständigem Mixen mit einem Pürierstab die heiße Nuss-butter in dünnem Strahl in den Balsamicoessig einarbei-ten, so dass eine Emulsion entsteht. Vinaigrette mit Salz, Pfeffer und eventuell noch etwas Ahornsirup abschme-cken.

Artischocken abtropfen lassen, Ahornsirup-Nussbutter-Vinaigrette in Schälchen füllen und dazu reichen. Sind alle Blätter abgezupft, den Artischockenboden nicht vergessen – er ist das Leckerste!

Gegrillte Maiskolben

Mit Chili-Limetten-Butter

Frische Maiskolben erhalten Sie von Mitte Juni bis Oktober – ein Glück, dass sie nicht nur zeitlich in die Grillsaison fallen, sondern auch phänomenal gut mit rauchigem Holzkohlearoma harmonieren. Achten Sie beim Einkauf darauf, dass Sie ungespritzte Kolben bekommen. Werden die Kolben mit Blättern angeboten, sollen diese noch grün und frisch sein.

Mais, Butter und Salz sind die untrennbare Ménage-à-trois. Durch den hohen Fruchtzuckergehalt des Mais passen aber auch Zutaten wie Chili, Knoblauch, Limettenabrieb oder Koriander perfekt. Zum Verzehr können Sie die gegrillten Maiskolben in kleinere Stücke schneiden, das ist beim Knabbern ein bisschen eleganter. Verwenden Sie dafür ein scharfes und schweres Messer – und passen Sie auf: Die Kolben sind nicht leicht zu durchtrennen.

Für 4 Personen, Zubereitungszeit 10 Minuten + 15 Minuten Grillzeit

> 100 g weiche Butter
> Abrieb von 2 Bio-Limetten
> 1 Knoblauchzehe, fein gehackt
> 1 TL Salz
> ½ TL Chilipulver
> 4 Maiskolben

Für die Chili-Limetten-Butter mit den Schneebesen des elektrischen Rührgeräts Butter schaumig schlagen. Limettenabrieb, Knoblauch, Salz und Chilipulver unterrühren.

Die Buttermischung auf ein Stück Klarsichtfolie geben, einschlagen und die Butter zu einer strammen Rolle formen, mindestens 2 Stunden kühlstellen.

In einem passenden Topf reichlich Wasser zum Kochen bringen. Maiskolben einlegen, Temperatur verringern und den Topf mit einem Deckel schließen. Ca. 5 Minuten simmern lassen. Mais aus dem Wasser heben, trockenreiben und auf einem vorgeheizten Grill 15 Minuten weitergaren, dabei gelegentlich wenden.

Zum Servieren die Butter in Scheiben schneiden, damit die gegrillten Maiskolben einstreichen.

Hamburger

Der ungeschlagene Klassiker

Gibt es eine universale Leibspeise, die rund um den Globus gegessen wird, so ist es wahrscheinlich diese. Woher der Name kommt und wer den Erfolgsschlager als Erstes kreiert hat, wird wohl nie eindeutig geklärt werden. Fest steht: Die Güte hängt in erster Linie von der Qualität des Rindfleischs ab, das idealerweise einen Fettanteil von ca. 20 % hat, frisch durch die grobe Scheibe des Fleischwolfs gedreht und anschließend ohne viel Druck zu einem flachen Patty geformt wird. Wie bei einem Steak sollte das Patty medium gebraten werden, damit es saftig und zart bleibt. Anders als eine Frikadelle wird das Hackfleisch nicht vor dem Formen gewürzt, sondern erst beim Braten oder Grillen.

Die ideale Garstufe des Pattys erreicht man bei einer Kerntemperatur von ca. 60 °C. Fühlen Sie durch Fingerdruck, wie sich die Konsistenz des rohen Pattys von weich zu fest verändert.

Für 1 Burger, Zubereitungszeit 10 Minuten

150 g grob gewolftes Rindfleisch (Fettgehalt ca. 20 %)
1 Briochebrötchen
1 Salatblatt
1 Tomatenscheibe
3 dünne Scheiben einer roten Zwiebel

3 Scheiben einer Gewürzgurke

2 EL Ketchup

Das Rinderhackfleisch ohne allzu großen Druck zu einem 2 cm hohen Patty (Ø ca. 10 cm) formen. Mit Salz und Pfeffer würzen und auf einem vorgeheizten Grill bei starker Hitze grillen, bis es sich leicht von den Grillstäben löst. Dann wenden und weitergrillen, bis das Patty medium gebraten ist. 5 Minuten ruhen lassen. Alternativ das Patty in einer Pfanne mit etwas Pflanzenfett braten.

Währenddessen Briochebrötchen aufschneiden und auf einem Grill oder unter dem Grill des Backofens leicht rösten. Beide Brötchenhälften mit jeweils 1 EL Ketchup bestreichen, die untere Hälfte mit einem Salatblatt und einer Tomatenscheibe belegen, darauf das Patty, die Gewürzgurken und die Zwiebelringe setzen. Mit der zweiten Brötchenhälfte belegen.

Vegetarischer Burger

Mit Hirsepatty

Es gibt zahlreiche Versionen fleischfreier Pattys, meist »Bratlinge« genannt, die ihren Zusammenhalt durch protein- und kohlenhydratreiche Produkte wie Linsen, Erbsen, Bohnen oder Getreide erhalten. Ich tendiere zu Hirse: Das Getreide klebt ganz wunderbar, hat einen angenehmen Biss und beim Braten entstehen kräftige Röstaromen, die dem Gesamtkunstwerk guttun. Achten Sie darauf, dass die Masse spannend gewürzt und kräftig abgeschmeckt wird und geizen Sie nicht mit Mayonnaise und Ketchup.

Für 4 Burger, Zubereitungszeit 30 Minuten

Patty:
125 g Hirse
1 Schalotte
1 Knoblauchzehe
4 EL Olivenöl
300 ml Gemüsebrühe
90 g Cranberrys
3 EL Harissa
1 TL Currypulver
ca. 100 g Semmelbrösel
Salz, Pfeffer
1 EL Zitronensaft

Außerdem:
4 Körnerbrötchen
6 EL Mayonnaise
4 Salatblätter
8 Tomatenscheiben
4 kleine Essiggurken, in Scheiben geschnitten
6 EL Ketchup

Hirse in kaltem Wasser waschen. Klein geschnittenen Knoblauch und die Schalotte in 1 EL Olivenöl anschwitzen, Gemüsebrühe angießen und Hirse zufügen. Hirse nach Packungsangabe kochen und ausdampfen lassen.

Cranberrys hacken und mit Harissa, Currypulver und der Hälfte der Semmelbrösel unter die Hirse mischen. Die Masse mit Salz, Pfeffer und Zitronensaft abschmecken.

Um zu sehen, ob die Masse zusammenhält, einen Teelöffel der Hirsemasse abnehmen, zu einer kleinen Frikadelle formen und in einer Pfanne braten. Gegebenenfalls mehr Semmelbrösel oder ein Ei untermischen.

Mit leicht angefeuchteten Händen 4 flache Pattys formen und in den restlichen Semmelbröseln wenden. Das restliche Olivenöl in einer Pfanne erhitzen und die Hirsebratlinge von beiden Seiten knusprig ausbraten.

Körnerbrötchen halbieren und die Schnittfläche kurz in einer Pfanne rösten.

Die untere Brötchenhälfte mit Mayonnaise, jeweils einem Salatblatt und 2 Tomatenscheiben belegen. Hirsepattys, Essiggurkenscheiben und Ketchup darauf verteilen. Brötchendeckel auflegen.

Grüner Spargel

....

Mit Ziegenfrischkäse-Dip

Ein Snack ohne viel Aufwand, der sich gut vorbereiten und wunderbar von Hand essen lässt, da man grüne Spargelstangen immer al dente serviert. Wer warmes Gemüse vorzieht, kann den Spargel auch direkt vor dem Servieren kochen und verzichtet auf das Abschrecken im kalten Wasser. Nur ein bisschen abkühlen lassen, so dass man die Stangen anfassen kann, reicht schon.

Für 4 Portionen, Zubereitungszeit 20 Minuten

    1 kg grüner Spargel
    Salz
    400 g Ziegenfrischkäse
    ca. 50 ml Sahne
    2 Handvoll frische Kräuter, z. B. Minze, Basilikum,
        Estragon, Schnittlauch
    Abrieb einer Bio-Zitrone
    Pfeffer

Das untere Ende der Spargelstangen 1 bis 2 cm breit entfernen, dann das untere Drittel schälen. Spargelstangen in reichlich sprudelnd kochendem Salzwasser je nach Dicke 3 bis 5 Minuten kochen und anschließend kalt abschrecken.

....

Die Stangen sollen noch Biss haben. Spargel abtropfen lassen und zwischen 2 Lagen Küchenpapier trocken legen.

Für den Dip Ziegenfrischkäse mit Sahne glattrühren. Je nachdem, wie fest Ihr Ziegenkäse ist, eventuell etwas mehr Sahne unterrühren. Kräuter fein hacken und mit dem Zitronenabrieb unterziehen. Den Dip mit Salz und Pfeffer abschmecken.

Quiche Lorraine

Mit viel französischem Bergkäse

Quiche, also ein zumeist pikanter Kuchen, kommt ursprünglich aus Lothringen, hat sich aber über mehrere Jahrhunderte in ganz Europa und Amerika ausgebreitet. Ziemlich mächtig kommt die Quiche Lorraine daher, dank reichlich Butter, Käse, Sahne und Crème fraîche. Und genau darum ist sie perfekt geeignet für Partys: Sie bildet eine wunderbare Grundlage für das, was da noch kommen mag. Als Fingerfood in Würfel geschnitten, reicht eine Tarte für mindestens 20 Häppchen.

Für 1 Quiche, Ø 24 cm, Zubereitungszeit 30 Minuten + Ruh- und Backzeit

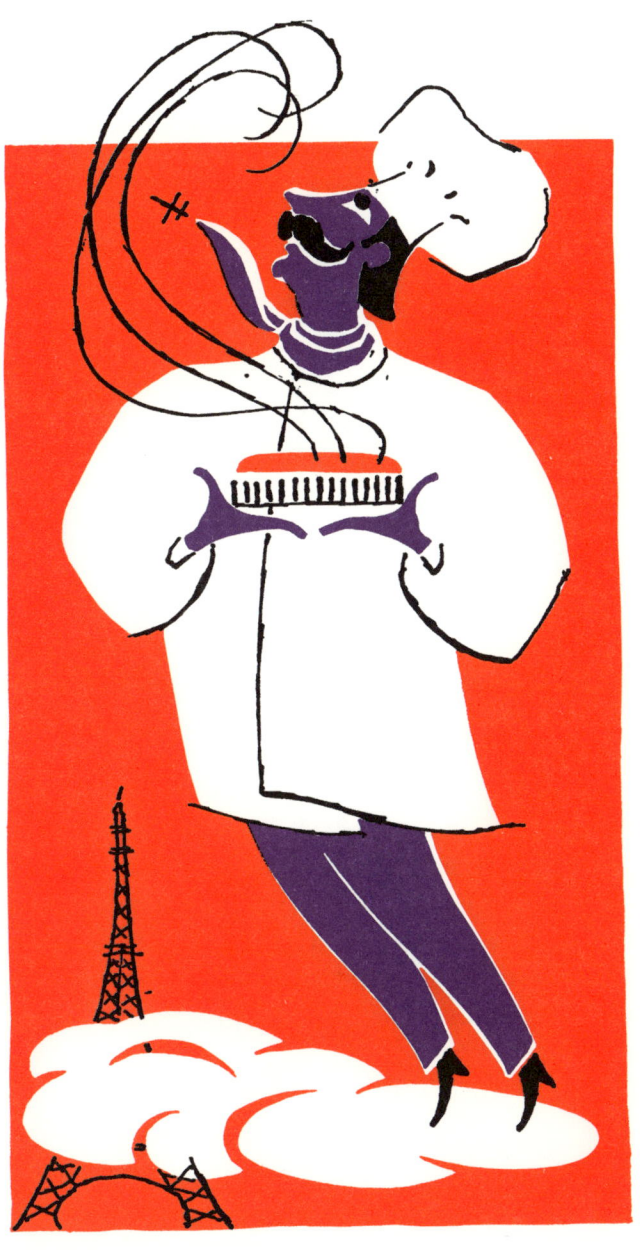

Teig:

250 g Mehl + etwas Mehl für die Arbeitsfläche

125 g kalte Butter, in Würfel geschnitten + 1 EL weiche
  Butter zum Fetten der Backform

½ TL Salz

1 Ei, S

1 bis 2 EL kaltes Wasser

Belag:

80 g durchwachsener Speck

150 g Bergkäse, z. B. Gruyère, grob gerieben

4 Eier, M, oder 5 Eier, S

320 ml Sahne

130 g Crème fraîche

Salz, Pfeffer, geriebene Muskatnuss

Für den Teig alle Zutaten rasch verkneten. Zu einem runden Fladen formen, in Klarsichtfolie schlagen und 30 Minuten kaltstellen.

Backofen auf 200 °C Ober-/Unterhitze vorheizen. Speck in 2 mm breite Würfel schneiden und bei mittlerer Temperatur ohne Fett anbraten. Abkühlen lassen.

Eine Tarteform mit herausnehmbarem Boden fetten. Auf leicht bemehlter Arbeitsfläche den Teig zu einem Kreis (Ø 30 cm) ausrollen. Den Teig vorsichtig über das Nudelholz aufrollen und in die Tarteform geben. Boden und Rand festdrücken.

Sahne, Crème fraîche und Eier verquirlen, Speck und Käse

unterziehen und die Masse mit Salz, Pfeffer und Muskatnuss abschmecken.

Käse-Speck-Masse in die Tarte füllen und das Ganze für ca. 35–40 Minuten in den Ofen schieben, bis die Quiche vollständig gestockt und goldbraun ist.

Kürbissuppe

Aus Butternusskürbis

Diese samtige Suppe ist schnell gemacht und lässt sich auch auf einer Stehparty unkompliziert aus einem Tässchen schlürfen. Weit verbreitet ist die Variante mit dem orangefarbenen Hokkaidokürbis. Ich aber habe festgestellt: Besonders lecker wird die Suppe durch den aus den USA stammenden Butternusskürbis, der eher länglich ist, ein milde, gelbe Farbe hat und ein süßlich-nussiges Aroma besitzt.

Für 12 Portionen, Zubereitungszeit 30 Minuten

600 g Butternusskürbisfruchtfleisch ohne
    Schale und Kerne
2 Schalotten
1 Knoblauchzehe
1 Stück Ingwer, ca. 20 g

2 EL Butter

½ kleine Chilischote

1 TL Currypulver

700 ml Gemüsebrühe

Salz, Pfeffer

100 ml Sahne

30 ml frisch gepresster Orangensaft

1 Spritzer Zitronensaft

1 TL Zucker

Schalotten, Knoblauch und Ingwer schälen, fein würfeln und in Butter farblos anschwitzen. Kürbisfruchtfleisch grob würfeln und die gehackte Chilischote und Currypulver hinzufügen.

Brühe angießen, mit Salz und Pfeffer würzen und das Kürbisfleisch bei geschlossenem Deckel etwa 20 Minuten vollständig weichkochen, gelegentlich umrühren. Mit einem Pürierstab mixen. Sahne angießen, die Suppe erneut aufkochen. Mit Orangen- und Zitronensaft, Zucker, Salz und Pfeffer abschmecken. Sollte die Suppe zu dick sein, noch etwas Brühe oder Wasser dazugeben.

Gazpacho

Kalt und köstlich

Alles spricht für die fruchtige Gemüsesuppe Gazpacho – wohlgemerkt im Sommer. Sie ist kostengünstig. Sogar vegan. Erfrischend. Man kann sie trinken statt löffeln – folglich ist sie bestens geeignet für löffelarme Haushalte und Stehpartys. Und mit einem Schuss Wodka erhält man eine interessante Variante der Bloody Mary.

10 Portionen, Zubereitungszeit 15 Minuten + Marinier- und Kühlzeit

3 rote Paprika
1 Salatgurke
1 kleine Zwiebel
1 frische Knoblauchzehe
1 Fenchelknolle
2 Stangen Staudensellerie
7 Strauchtomaten
1 EL Salz
100 ml Tomatensaft
2 EL Weißweinessig
5 EL natives Olivenöl
Pfeffer, Cayennepfeffer
nach Belieben fein gehackte Basilikumblättchen

Gemüse in grobe Würfel schneiden und in einer Schüssel mit Salz würzen. Das Ganze 10 bis 30 Minuten ziehen lassen. Mit Tomatensaft, Essig und 2 EL Olivenöl in einem Standmixer oder mit einem Pürierstab sehr fein pürieren. Sollte die Gazpacho noch stückig sein, durch ein Spitzsieb passieren, dabei die im Sieb verbleibenden Gemüsereste so gut wie möglich ausdrücken. Mit Pfeffer, Cayennepfeffer, Salz und eventuell etwas Essig abschmecken.

Zum Servieren Gazpacho in Gläser oder Suppenschalen füllen und das restliche Olivenöl tropfenweise darüber träufeln. Nach Belieben mit fein gehackten Basilikumblättchen bestreuen.

Deviled Eggs

Die Dauerbrenner

Angeblich haben schon die alten Römer sie als Vorspeise serviert, Amerikaner und Europäer lieben sie heute gleichermaßen: Gefüllte Eier gehen immer. Sogar am Morgen danach – bereiten Sie also ruhig ein paar mehr zu!

Ergibt 12 Stück, Zubereitungszeit 15 Minuten + 20 Minuten Koch- und Abkühlzeit

6 Eier, M
50 g weiche Butter
2 EL Remoulade
½ TL Senf
Salz, Pfeffer
ca. ½ TL Paprikapulver
3 EL Schnittlauchröllchen

Eier 9 Minuten hartkochen, in kaltem Wasser abkühlen und pellen. Der Länge nach halbieren. Die Eigelbe vorsichtig mit einem kleinen Löffel herausheben und durch ein mittelfeines Sieb streichen. Wer kein geeignetes Sieb hat, kann die Eigelbe mit einer Gabel zerdrücken.

Eigelbe, Butter, Remoulade und Senf in einer Schüssel verrühren. Eigelbmasse mit Salz, Pfeffer und Paprikapulver würzen und 2 EL Schnittlauchröllchen unterziehen.

Die Füllung in einen Spritzbeutel mit Sterntülle geben und mindestens 20 Minuten kaltstellen. Wer keinen Spritzbeutel hat, kann die Masse in einen Gefrierbeutel geben und in eine Ecke ein ca. 0,5 cm breites Loch schneiden.

Füllung behutsam in die ausgehölten Eierhälften spritzen. Eier mit den restlichen Schnittlauchröllchen bestreuen und bis zum Servieren zugedeckt kaltstellen.

Tacos

Mit Dorade und Tomatensalsa

Lange Zeit genoss die mexikanische Küche einen genauso schlechten Ruf wie der Tequila, doch längst ist das Ansehen von beiden rehabilitiert. Denn Tacos und Tequila können viel mehr sein als fettiges Fastfood und Schnaps mit Zitronenspalte.

Diese Tacos leben von der Salsa, die sowohl Würze als auch Säure beisteuert und die Geschmäcker und Konsistenzen von Dorade, Guacamole und Maisfladen perfekt ergänzt. Sie können die Dorade auch gut durch gegrilltes Hähnchenfleisch, würzig geschmortes Schweinefleisch oder gekochte Bohnen ersetzen – die Ergebnisse unterscheiden sich deutlich, aber es passt alles!

Für 4 Portionen / 8 Tacos, Zubereitungszeit 40 Minuten

Salsa:
4 Strauchtomaten
100 g Mais aus der Dose (Abtropfgewicht)
1 kleine rote Zwiebel, fein gewürfelt
1 Knoblauchzehe, fein gewürfelt
1 Jalapeño-Chili, fein gewürfelt
2 Handvoll Korianderblättchen, grob gehackt
Saft einer Limette
Salz, Pfeffer
Chiliflocken nach Belieben

Außerdem:

4 Doradenfilets, jeweils 150 g schwer, geschuppt und
   ohne Gräten

1 EL Fenchelsamen

1 EL getrockneter Oregano

Salz

7 EL Pflanzenöl

8 kleine Maistortillas

1 Rezept Guacamole (S. 26)

1 Limette, geviertelt

Für die Salsa Strauchtomaten waschen, halbieren, Strunk entfernen und das Fruchtfleisch in ca. 5 mm feine Würfel schneiden. Rote Zwiebel, Knoblauch, Jalapeño und Koriander mit Tomaten und Mais mischen und die Salsa mit Limettensaft, Salz, Pfeffer und nach Belieben Chiliflocken abschmecken.

Fenchelsamen im Mörser zerstoßen und mit einem Teelöffel Salz und getrocknetem Oregano mischen. Doradenfilets mit der Gewürzmischung einreiben. 3 EL Pflanzenöl in einer Pfanne erhitzen, Doraden darin auf der Hautseite braten, bis die Haut knusprig ist. Dann wenden und nur für einen kurzen Moment fertig braten (insgesamt ca. 4 Minuten).

Währenddessen Tortillas in 4 EL Pflanzenöl kurz braten und zu leicht geöffneten Taschen zusammenklappen. Mit Guacamole, Doradenfilets und Salsa füllen, dazu Limettenviertel reichen.

Blinis

Mit Sauerrahm und Kaviar

Blinis sind eine ursprünglich osteuropäische Pfannkuchen-spezialität. Störrogen, der »echte« Kaviar, ist als Delikatesse bekannt, und doch bis zum Ende des 19. Jahrhunderts war er vorwiegend ein Arme-Leute-Essen, meist das der Fischer, denn es gab kaum Möglichkeiten, das leicht verderbliche Lebensmittel ausreichend zu kühlen oder haltbar zu machen. Die Dezimierung von Störbeständen ging mit der weltweit gestiegenen Verfügbarkeit und Nachfrage Hand in Hand – und ebenso die Preisentwicklung. Anders, aber deutlich günstiger und ebenfalls schmackhaft ist der leuchtend orangefarbene Forellenkaviar. Ein warmes Blini, frisch aus der Pfanne, mit Sauerrahm und einem Löffel Kaviar hat das Zeug, glücklich zu machen!

Ergibt 20-24 Blinis, Zubereitungszeit 25 Minuten + 2 Stunden Gehzeit

> 80 g Buchweizenmehl
> 70 g Weizenmehl
> 220 ml Milch
> 10 g Hefe
> ½ TL Zucker
> 25 g flüssige Butter + 50 g Butter zum Ausbacken
>   der Blinis

1 Ei, M
250 g Sauerrahm
ca. 120 g Forellenkaviar oder Kaviar vom Stör
Dillspitzen zum Garnieren

Die beiden Mehlsorten in eine Schüssel sieben, in die Mitte eine Mulde drücken. Die Hälfte der Milch auf ca. 30 °C erhitzen. Hefe in der lauwarmen Milch auflösen und mit dem Zucker in die Mulde geben. Schüssel mit einem Tuch bedecken und 10 Minuten gehen lassen.

Die restliche Milch ebenfalls auf 30 °C erhitzen und mit der flüssigen Butter, dem Ei und einer Prise Salz mit den Knethaken des elektrischen Handrührgeräts unter das Mehl und den Vorteig mischen und 3 Minuten kneten. Bliniteig mit einem Tuch bedecken und an einem zuggeschützten, warmen Platz ca. 2 Stunden gehen lassen, bis sich sein Volumen vergrößert hat und sich kleine Bläschen im Teig gebildet haben.

Eine beschichtete Pfanne erhitzen, etwas Butter darin schmelzen und mit einem Teelöffel kleine Teigmengen mit etwas Abstand zueinander in die Pfanne gleiten lassen. Die Blinis auf beiden Seiten bei mittlerer Temperatur goldbraun ausbacken. Die fertigen Blinis mit einem Klacks saurer Sahne und einem halben Teelöffel Kaviar belegen und mit Dillspitzen garnieren.

Hühnerspieße

Mit Erdnussbuttersauce

Hühnerspieße, im Englischen »Chicken Skewer« genannt, sind ein ideales Fingerfood, das sowohl in der Pfanne als auch auf dem Grill zubereitet werden kann. Wenn Sie den Grill bevorzugen, vergessen Sie nicht, die Holzspieße vorher 30 Minuten zu wässern, so verbrennen sie nicht.

Manchmal kann es passieren, dass sich das in der Erdnussbutter enthaltene Fett trennt, die Sauce merkwürdig aussieht, weil sie geronnen ist. Setzen Sie in diesem Fall eine passende Schüssel auf ein warmes Wasserbad und rühren Sie die Sauce darin so lange, bis sie wieder homogen und glatt ist.

Für 12 Spieße, Zubereitungszeit 30 Minuten + Marinierzeit

600 g Hühnerbrust ohne Haut

Marinade:
40 ml Kokosmilch
1 TL Zucker
1 TL Fischsauce
2 EL Zitronensaft
2 EL Sojasauce
4 EL Pflanzenöl

Erdnussbuttersauce:
130 g grobe Erdnussbutter
100 ml Kokosmilch
2-3 EL Limettensaft
1 TL Fischsauce
3 EL Sojasauce
3 Spritzer Tabasco
Salz
eventuell 1 Prise Zucker

Hühnerfleisch längs in dünne Streifen schneiden. Für die Marinade alle Zutaten verrühren und über dem geschnittenen Hühnerfleisch verteilen. 15 Minuten marinieren.

Für die Erdnusssauce alle Zutaten mit einem Löffel glattrühren, mit Salz, Limettensaft, Tabasco und eventuell einer Prise Zucker abschmecken.

Hühnerfleisch mit Küchenpapier trocken tupfen und gleichmäßig auf 12 Holzspieße stecken. Auf einem vorgeheizten Grill oder in einer heißen Pfanne mit etwas Pflanzenöl von allen Seiten grillen beziehungsweise braten, bis die Spieße goldbraun sind und das Fleisch gar ist (insgesamt ca. 6 Minuten).

Dazu die Erdnussbuttersauce servieren.

Weiße und rote Pizzen

So klein, dass man sie aus der Hand essen kann

Pizza hat sich dank der zahlreichen italienischen Einwande-rer in den USA wie kaum eine andere Speise etabliert, fast könnte man sie als Nationalgericht bezeichnen.

Im vorliegenden Rezept liegt das Augenmerk auf der Größe: klein genug, um leicht aus der Hand gegessen zu werden, und groß genug, um dem Belag seinen nötigen Platz einzuräu-men. Die Zubereitung der kleinen Fladen ist etwas mühseli-ger, und wer die Miniaturarbeit scheut, macht einfach eine Blechpizza, die zum Servieren in kleine Stücke geschnitten wird.

Ergibt 10 Pizzen, Zubereitungszeit 40 Minuten + Geh- und Backzeit

250 g Mehl + Mehl für die Arbeitsfläche
10 g Hefe
180 ml lauwarmes Wasser
½ TL Zucker
1 TL Salz
3 EL Olivenöl

Weißer Belag:
90 g Mozzarella
20 g Parmesan

1 EL Schmand
1 kleine rote Zwiebel
1 EL getrockneter Oregano

Roter Belag:
100 ml Tomatensauce (S. 88)
2 EL Oliven ohne Kerne, grob gehackt
2 EL Kapern
½ Bund Rucolasalat

Mehl in eine Schüssel sieben und in die Mitte eine Mulde
drücken. Hefe in 50 ml lauwarmem Wasser auflösen und
mit dem Zucker in die Mitte geben. Schüssel abdecken, Teig
10 Minuten gehen lassen. Salz und Olivenöl zufügen und
mit dem Knethaken des elektrischen Handrührers langsam
das restliche Wasser einarbeiten, bis der Teig eine elastische,
weiche Konsistenz hat. Die Schüssel erneut abdecken und
an einem zuggeschützten, warmen Platz in der Küche gehen
lassen, bis sich sein Volumen ungefähr verdoppelt hat (nach
etwa 45 Minuten).

Teig mit leicht bemehlten Händen zusammenschlagen
und auf bemehlter Arbeitsfläche mit den Händen gut durch-
kneten. Den Teig zu einer Rolle formen und in 10 Portionen
teilen. Diese mit bemehlten Händen zu Kugeln formen, mit
einem Nudelholz leicht ausrollen und mit den Händen zu
dünnen Fladen ziehen (Ø etwa 12 cm).

Backofen auf 230 °C Ober-/Unterhitze vorheizen. Währenddessen Mozzarella grob und Parmesan fein reiben, die

beiden Käsesorten mit Schmand verrühren. Zwiebel in feine Würfelchen schneiden.

Jeweils 5 Pizzen nebeneinander auf 2 mit Backpapier ausgelegte Backbleche setzen.

5 Pizzen mit der Schmand-Käse-Mischung dünn bestreichen und mit Zwiebelwürfelchen und Oregano bestreuen.

5 Pizzen mit Tomatensauce, Kapern und Oliven belegen.

Die Backbleche nacheinander auf unterster Schiene in den heißen Backofen schieben und ca. 15 Minuten backen, bis sie unten knusprig und goldbraun sind. Die roten Pizzen nach dem Backen mit Rucola belegen.

Austern

Mit Gurkensalsa

Beim Öffnen von Austern sollten Sie vorsichtig sein. Die scharfkantigen und meist recht hartnäckigen Biester kann man mit bloßer Hand nicht gut greifen, was das Risiko erhöht, mit dem Austernmesser abzurutschen. Profis tragen einen metallenen Austernhandschuh, ansonsten tun es auch ein robuster, natürlich sauberer Garten- oder Sicherheitshandschuh oder ein mehrfach zusammengelegtes Küchentuch.

Für 12 Austern, Zubereitungszeit 15 Minuten

Gurkensalsa:

50 g Bio-Salatgurke

1 EL sehr feine Würfelchen einer roten Zwiebel

½ TL sehr feine Würfelchen einer milden Peperoni

2 Spritzer Tabasco

1 EL Limettensaft

Außerdem:

gestoßenes Eis

Für die Salsa Gurke waschen und mit Schale in ca. 3 mm breite Würfel schneiden. Alle Zutaten für die Salsa mischen und mit wenig Salz und etwas Limettensaft würzen. Kurz vor dem Servieren eine Servierplatte mit gestoßenem Eis füllen. Austern mit einem Austernmesser öffnen und den flachen Deckel wegwerfen. Mit dem Austernmesser den Austernmuskel von der unteren Schale lösen, wenn möglich kein Austernwasser verschütten. Geöffnete Austern auf das gestoßene Eis setzen. Die Gurkensalsa auf den Austern verteilen und sofort servieren.

Gratinierte Austern

Mit Sherry

Es ist nicht jedermanns Sache, rohe Austern zu schlürfen, aber zum Glück gibt es auch zahlreiche andere Möglichkeiten, diese Muschel zu genießen: pochiert, in Suppen, frittiert – zum Beispiel auf einen Po' Boy – oder wie in diesem Rezept gratiniert. Lassen Sie sich bloß nicht einreden, dies wäre etwas für Banausen: Die gratinierten Austern sind ausgesprochen fein und köstlich!

12 Austern, Zubereitungszeit 30 Minuten

grobes Meersalz, ca. 200 g
12 topfrische Austern
60 ml trockener Sherry
120 g Roquefort
1 EL Crème double
2 Eigelbe, L
2 bis 3 Spritzer Zitronensaft
1 Spritzer Worcestershire-Sauce
frisch gemahlener schwarzer Pfeffer

Backblech mit grobem Meersalz als Bett für die Austern ausstreuen. Diese mit einem Austernmesser öffnen, den flachen Deckel wegwerfen. Austernwasser auffangen und durch ein Sieb passieren. Mit dem Austernmesser den Austernmuskel von der unteren Schale lösen. Austern in der Schale auf das Salzbett setzen, so dass die Schalen gerade stehen und später gut befüllt werden können.

Austernwasser und Sherry in einem kleinen Topf auf die Hälfte reduzieren. Roquefort in Würfel schneiden. Reduktion vom Herd ziehen und den Roquefort darin mit einem Schneebesen einrühren, bis er geschmolzen ist. Crème double und Eigelbe einrühren, die Gratinmasse mit Zitronensaft und frisch gemahlenem Pfeffer abschmecken.

Backofen auf 250 °C mit Grill vorheizen. Austern mit der Roquefortsauce nappieren, so dass die Austern bedeckt sind. Das Backblech für 2 bis 4 Minuten auf oberer Schiene in den Ofen schieben, dabei darauf achten, dass die Austern nicht zu dunkel werden.

Homemade-Cracker

Für die Käseplatte

Zugegeben, man könnte Cracker auch kaufen. Aber alles andere auch. Wer also Lust hat, wirklich knusprige, gehaltvolle, salzige Kekse selbst zu machen, bekommt hier ein wunderbar einfaches Rezept an die Hand. Seien Sie beim Würzen ruhig mutig und fügen den Crackern ihre eigene Note zu, beispielsweise mit Paprikapulver, getrocknetem Thymian, fein gestoßenem Kümmel oder Currypulver. Sie können die Cracker gut im

Voraus zubereiten, luftdicht verwahrt bleiben sie ein bis zwei Wochen knusprig.

Ergibt ca. 30 Stück, Zubereitungszeit 30 Minuten + 2 Stunden Geh- und Backzeit

> 250 g Mehl + etwas Mehl für die Arbeitsfläche
> 2 g Trockenhefe
> 60 g weiche Butter
> 1 TL Salz
> 90 ml handwarmes Wasser + 1 EL Wasser
> 2 EL Olivenöl

Mehl, Trockenhefe, Butter und Salz in einer Schüssel verkneten, nach und nach 90 ml handwarmes Wasser zufügen und mit den Händen einarbeiten. Den Teig ca. 8 Minuten kneten, bis er elastisch und homogen ist, dann zu einer Kugel formen und mit einem Küchentuch abdecken. Teig an einem zuggeschützten, warmen Ort ca. 2 Stunden gehen lassen, bis sich sein Volumen verdoppelt hat.

Backofen auf 180 °C Ober- / Unterhitze vorheizen. Den Teig in 2 Portionen teilen. Die erste Portion auf leicht bemehlter Arbeitsfläche ca. 1 mm dünn ausrollen. Nach Belieben quadratische, rechteckige oder runde Cracker schneiden oder ausstechen. Auf ein mit Backpapier ausgelegtes Backblech setzen. Damit die Cracker gleichmäßig aufgehen, mit einer Gabel oder einem Zahnstocher mehrere kleine Löcher in den Teig piksen. 1 EL Wasser und 2 EL Olivenöl verrühren und die Cracker damit bepinseln. Mit etwas Salz bestreuen.

Das Blech auf zweiter Stufe von unten für ca. 13 Minuten in den vorgeheizten Backofen schieben, bis die Cracker goldbraun gebacken sind. Achten Sie während der Backzeit darauf, dass die Cracker nicht zu dunkel werden. Ofenbedingte Temperaturunterschiede können die Backzeit beeinflussen und die hauchdünnen Cracker verbrennen rasch. Mit der zweiten Portion Teig genauso verfahren.

Cracker abkühlen lassen und in einer luftdichten Dose aufbewahren.

Das gewisse Etwas

Fingerfood darf nicht vor Sauce triefen, sonst wären das schicke Kleid und der neue Anzug ruckzuck ruiniert. Umso wichtiger sind standhafte Dips, Mayonnaisen und Aufstriche, die dafür sorgen, dass die kleinen Köstlichkeiten nicht als trockene Einzelgänger übrigbleiben.

Die perfekte Mayonnaise

Es gibt zahlreiche Rezepte in diesem Büchlein, die als Zutat Mayonnaise enthalten – Grund genug, Platz für ein Rezept einzuräumen. Achten Sie darauf, dass Ihre Mayonnaise nach der Zubereitung durchgehend gekühlt ist, dann hält sie ungefähr 5 Tage. Lebensmittel, die selbst gemachte Mayonnaise enthalten und einen ganzen Abend auf dem Buffet gestanden haben, sollten Sie wegwerfen. Vielleicht fragen Sie sich nun, warum man Mayonnaise selbst machen soll, wenn es doch so eine heikle Angelegenheit ist? Weil es schön ist zu wissen, dass die Eier von glücklichen Hühnern stammen, gute Zutaten verwendet werden und auf jegliche Zusatzstoffe, die in industriellen Produkten enthalten sind, verzichtet wird.

2 Bio-Eigelbe
1 TL mittelscharfer Senf
1 EL Weißweinessig
Salz, schwarzer Pfeffer aus der Mühle
130 ml neutrales Pflanzenöl, z. B. Sonnenblumenöl
wichtig: alle Zutaten bei Zimmertemperatur

Eigelbe in eine mittelgroße Schüssel geben und Senf, Weißweinessig, etwas Salz und Pfeffer zufügen. Unter ständigem
Schlagen mit einem Schneebesen zuerst tropfenweise, dann
in dünnem Strahl das Pflanzenöl einfließen lassen, bis die
Mayonnaise Stand und Glanz hat.

Mustard Pretzel Spread

*Dank der Senfnote eine wunderbare Ergänzung zu Brezeln,
Laugenstangen oder als Dip für Pretzelnuggets.*

1 große Schalotte, in sehr feine Würfel geschnitten
200 g Frischkäse
2 EL Dijonsenf
2 EL Mayonnaise
1 TL Zucker
2 EL fein geschnittene Schnittlauchröllchen

Schalottenwürfelchen in einem kleinen Topf mit sprudelnd kochendem Wasser zwanzig Sekunden blanchieren, dann auf ein Sieb gießen, kalt abbrausen und abtropfen lassen. Die Würfelchen leicht trocken tupfen. Frischkäse, Senf und Mayonnaise verrühren, Schalottenwürfelchen unterziehen und mit Zucker, Salz und Pfeffer abschmecken. Zum Schluss Schnittlauchröllchen unterziehen.

Salmon Spread

Ein köstlicher Brotaufstrich, der gleichermaßen zwischen zwei Scheiben Sandwich-, Tramezzini- oder Graubrot passt.

400 g Lachsfilet, ohne Haut und Gräten
Salz, Pfeffer
0,5 l Gemüsebrühe
2 Eigelbe
1 EL Limettensaft
3 EL natives Olivenöl
75 g Crème fraîche
60 g flüssige, abgekühlte Butter
eventuell 1 Prise Zucker

Lachsfilet in ca. 4 cm große Würfel schneiden und mit Salz und Pfeffer würzen. Gemüsebrühe in einem Topf zum Kochen bringen, Topf vom Herd ziehen, Lachswürfel hineingeben und in dem Fond ca. 5 Minuten bei geschlossenem Deckel pochieren. Sie sollen leicht auseinanderzublättern und innen noch glasig sein. Lachswürfel auf Küchenpapier trocken legen.

Eigelbe, Limettensaft und etwas Salz und Pfeffer in eine Schüssel geben. Wie bei einer Mayonnaise langsam Olivenöl, Crème fraîche und Butter mit einem Schneebesen unterrühren.

Die ausgekühlten Lachswürfel mit den Fingern an den Fasern entlang auseinanderblättern und unter die Crème heben. Lachsaufstrich mit Salz, Pfeffer, eventuell etwas Limettensaft und einer Prise Zucker abschmecken und mindestens 1 Stunde kaltstellen.

Gurkenrelish

Wunderbar zu allerlei Fleisch- und Fischgerichten, auch als Alternative zu dem Cole Slaw in unserem Hot Dog (S. 12)

300 g Bio-Salatgurke
1 Schalotte, fein gewürfelt
30 g Ingwer, fein gewürfelt
1 ½ EL helle Senfsaat
1 TL Currypulver

2 TL Salz

90 ml Apfelessig

60 g Zucker

1 EL Mehl

2 Handvoll Dill, fein gehackt

Gurke waschen und in feine Würfel schneiden. Gurke, Schalotte, Ingwer, Senfsaat, Currypulver und Salz mischen und 1 Stunde marinieren.

Essig, Zucker und Mehl in einem Topf mit einem Schneebesen verrühren, zum Kochen bringen und 3 Minuten köcheln lassen. Die Gurken mitsamt der zusammengelaufenen Flüssigkeit zugeben und 10 Minuten köcheln lassen.

Dill zufügen, einmal aufkochen und das Relish heiß in saubere Schraubverschlussgläser füllen. Gläser sofort schließen und auf den Kopf stellen. Das Relish abkühlen lassen und bis zum Servieren im Kühlschrank aufbewahren. Ungeöffnet hält sich das Relish mehrere Monate.

Kirschchutney

Ein Chutney ist weniger Brotaufstrich, sondern eher Beilage zu allerlei Pikantem, sei es Käse, Paté, einem indischen Currygericht oder Wildschweinragout. Es vereint Süße, Säure und

Schärfe, kombiniert mit unterschiedlichsten Gewürzaromen.
Regeln gibt es dabei wenige zu beachten. Probieren Sie Ihr
Chutney während der Entstehungsphase immer wieder einmal.
Ist es zu sauer, kommt noch ein bisschen Zucker hinzu. Zu viel
Süße gleichen Sie mit einem Schuss Essig oder Zitronensaft
aus. Ist Ihr Chutney zu dünnflüssig, lassen Sie es noch etwas
weiter einkochen.

1 kg Süßkirschen
1 große rote Zwiebel
50 g Ingwer
1 Chilischote
300 ml Portwein
1 TL gemischte schwarze Pfefferkörner, z. B. Kubeben-
    pfeffer, tasmanischer Pfeffer, langer Pfeffer
1 TL Koriandersamen
1 Nelke
3 Lorbeerblätter
80 g Zucker
1 Prise Salz
60 ml Balsamico

Kirschen entkernen. Zwiebel und Ingwer schälen und fein
hacken. Chili in dünne Ringe schneiden. Ist die Chili sehr
scharf, Kerne entfernen.

Zwiebel, Ingwer und Portwein in einen Topf geben und
10 Minuten köcheln lassen. Kirschen und die restlichen Zutaten zufügen und das Ganze 60 Minuten unter gelegentli-

chem Umrühren leise köcheln lassen, dabei darauf achten, dass das Chutney nicht am Topfboden ansetzt. Eventuell etwas Portwein oder Wasser angießen.

Das Chutney kochend heiß in saubere Schraubverschluss-gläser füllen und sofort verschließen. Hält sich ungeöffnet im Kühlschrank ca. 3 Monate.

Die perfekte Tomatensauce

Ergibt 400 ml

100 g Zwiebeln (1 St.)
1 frische Knoblauchzehe
800 g aromatische Tomaten
2 EL Olivenöl
2 EL Tomatenmark
Salz, Pfeffer
1 Lorbeerblatt

Zwiebel und Knoblauch schälen und fein würfeln. Tomaten waschen und grob würfeln.

Olivenöl in einem Topf erhitzen und darin die Zwiebeln farblos anschwitzen. Dann Knoblauch, Tomaten, Tomaten-mark und Lorbeer zufügen und mit Salz und Pfeffer würzen. Das Ganze bei niedriger Temperatur mit Deckel leise 20 Minuten köcheln lassen, dabei mehrfach umrühren.

Die Tomatensauce durch ein feines Sieb streichen, die Rückstände im Sieb gut auspressen, bis sie ganz trocken sind, dann wegwerfen. Die Sauce erneut zum Kochen bringen und leise köchelnd auf 400 ml einkochen (ca. 25 Minuten), dabei darauf achten, dass die Sauce nicht ansetzt.

Inhalt